GILDA GOLDEMBERG

PERGUNTAS PODEROSAS

2º EDIÇÃO

Perguntas Poderosas

Um guia prático para potencializar perguntas e alcançar os melhores resultados em Coaching

Gilda Goldemberg

2ª EDIÇÃO

CASA DO
ESCRITOR

2021

Perguntas Poderosas
Um guia prático para potencializar perguntas
e alcançar os melhores resultados em Coaching
de *Gilda Goldemberg*

Editor
Eldes Saullo

Revisão
Triza Marsallo

Projeto Gráfico e Editorial
Casa do Escritor

Dados Internacionais de Catalogação na Publicação (CIP)

G618p   Goldemberg, Gilda

Perguntas Poderosas 2. Ed. – Rio de Janeiro-RJ: Publicação Independente / Casa do Escritor, 2021

ISBN 978-1080006519

1. Liderança. 2. Coaching. I. Título

CDD: 658-4092   CDU: 310.42

Índice

INTRODUÇÃO À SEGUNDA EDIÇÃO 1

INTRODUÇÃO 5

PRIMEIRA PARTE **15**

PERGUNTA, INDAGAÇÃO,
INTERROGAÇÃO, QUESTÃO ETC. 17

Pergunta Estilística 23

Perguntas Abertas & Perguntas Fechadas 26

Perguntas Curtas & Longas 30

Perguntas sobre o Passado, Presente & Futuro ...32

Outras Classificações..35

PERGUNTAS INSTIGANTES & SUAS
CARACTERÍSTICAS 48

SEGUNDA PARTE **61**

PERGUNTAS PARA CONVERSAS DE COACHING.....63

Gatilho – Marshall Goldsmith 65

Coaching Eficaz – David Clutterbuck......................66

O Líder Coach – Rhandy Di Stéfano 68

A Arte e a Ciência do Coaching – Livro 2:
Coaching passo a passo – Marilyn Atkinson
& Rae T. Chous 69

Perguntas Poderosas
– Andrew Sobel & Jerold Panas 70

The Coaching Habit – Michael Bungay Stanier 71

Como o Coaching Funciona – Andrea Lages
e Joseph O'Connor 73

Coaching para Performance – John Whitmore,
Editora Qualitymark..74

O poder da aprendizagem pela ação
 – Michael J. Marquardt..75

Executive Coaching with Backbone and Heart
– Mary Beth O'Neill...77

Investigação Apreciativa – David L. Cooperrider
& Diana Whitney...79

Ajuda, a relação essencial – Edgar H. Schein.........80

Liderança Tranquila - Quiet Leadership
– David Rock...81

Ética & Coaching Ontológico – Rafael Echeverría..83

Powerful Coaching Questions - Alain Cardon........85

Coaching Skills – A Handbook – Jenny Rogers......86

Coach the Person, Not the Problem
– Marcia Reynolds 88

Coaching Evolutivo – Richard Barret.......................90

The Twenty-One Skills of Spiritual Intelligence –
Cindy Wigglesworth 91

TERCEIRA PARTE **95**

QUEM PERGUNTA 97

O que as perguntas que faz dizem sobre quem
você é?..102

Quando quem pergunta é líder 111

CONCLUSÃO **119**

ACABOU? 121

Sobre a Autora **127**

Notas Bibliográficas **129**

INTRODUÇÃO À SEGUNDA EDIÇÃO

Na primeira edição eu avisei que esse é o tipo do livro que sofrerá várias revisões.

Incrível é que eu já tinha enviado esta segunda edição para o prelo quando, organizando meus arquivos, lembrei de outras referências e uma colega me encaminhou um conjunto de perguntas bem interessante que, agora, ficarão para a terceira edição...

Este livro reúne o conteúdo que utilizo na "Oficina da Pergunta", um Workshop com quatro módulos de duas horas em que coaches e líderes, desenvolvem habilidades para facilitar o pensamento de clientes e liderados. Os participantes são provocados a observar o estilo das perguntas que fazem, como fazem as perguntas que fazem e com qual propósito.

Parece trivial, meio bobo mesmo, mas quando escutamos, escrevemos, identificamos as características e reescrevemos nossas próprias perguntas, uma "mágica" acontece. Se o propósito das perguntas é realmente facilitar o pensamento do outro, ao colocarmos foco nelas, nos damos conta da importância da escuta, da essência, do silêncio, do minimalismo e do quanto os nossos vieses podem atrapalhar tudo.

Fiquei muito feliz com a repercussão da primeira edição. Parece que o formato simples, curto, objetivo e voltado para prática cativou muita gente.

O espírito desta segunda edição é o mesmo, pois a maior parte do conteúdo é o que estava na primeira, então o que mudou? (pergunta aberta!)

Nesta edição incluí frases sobre perguntas que venho coletando há algum tempo e confesso que esqueci de incluir na primeira... Aqui e ali acrescentei alguns comentários como, por exemplo, o que a Eliana Dutra me enviou sobre a pergunta "grávida". Nesse intervalo de tempo, a federação internacional de coaching ICF, reformulou seu modelo de competências e achei importante comentar. Nesta edição também há mais referências com perguntas como as de Jenny Rogers, Marcia Reynolds, Richard Barret e Cindy Wigglesworth, além de mais reflexões propostas na seção "Quando quem pergunta é líder".

Espero que a leitura continue sendo útil!

Gilda Goldemberg

INTRODUÇÃO

"A pergunta certa é geralmente mais importante do que a resposta certa à pergunta errada".
Alvin Toffler

Um livro sobre a habilidade de fazer perguntas: pra quê?

Perguntar é uma ação intuitiva inerente a qualquer curioso, mas também pode ser uma ação deliberada, empenhada por um propósito.

Todos sabemos fazer perguntas. No entanto, muitos não nos damos conta de como vamos perdendo a curiosidade, até nosso cérebro entrar no piloto automático do que já vivemos, já conhecemos, já sabemos. A habilidade para fazer perguntas aos poucos definha e enferruja. Em seu lugar, instalam-se as certezas com perguntas preponderantemente fechadas, feitas apenas para confirmar o que compreendemos, ou supomos saber, sobre o contexto de determinada situação.

De acordo com estudos da neurociência, trata-se de um processo absolutamente natural: ao classificarmos automaticamente o que observamos, o cérebro economiza energia por realizar as sinapses mais curtas e rápidas que foram criadas quando registramos uma experiência. Aos "economizadores" de energia, uma boa notícia: os estudos também demonstram a plasticidade do cérebro. Isso significa que, mesmo quando um conjunto de sinapses é destruído — por causa de um acidente vascular cerebral, por exemplo —, ele pode ser reconstruído por neurônios de outras áreas do cérebro. Se pode ser reconstruído, desaprender e aprender é um processo factível em qualquer tempo, ou seja, não é porque acumulamos experiência e envelhecemos que perdemos a capacidade de aprender. Tem mais: se vencermos a inércia natural do nosso cérebro e do das pessoas com quem nos relacionamos, provocando reflexão e aprendizado, conquistamos maior engajamento e autonomia.

A neurociência avançou muito com o desenvolvimento de marcadores e a análise de imagens em aparelhos ultramodernos. Existem muitos estudos sobre o assunto disponíveis na internet*.

Vários autores compilam muitos desses estudos para ajudar a entender como as conversas, e especialmente as perguntas, impactam nosso cérebro. Entre os estrangeiros, procure por Daniel Goleman,

David Rock, Judith Glaser, e vai encontrar vários outros. Entre os representantes nacionais, encontra-se Ivan Antonio Izquierdo, um dos pioneiros mundiais no estudo da neurobiologia da memória e do aprendizado. Argentino naturalizado, Izquierdo publicou cerca de 700 artigos, recebeu mais de 60 prêmios e tornou-se o pesquisador com mais citações acadêmicas na América Latina.

Há também os estudos comportamentais que confirmam as chamadas "armadilhas reativas", sugerindo que se questionem conclusões e ações baseadas em suposições configuradas por meio da seleção de dados, e não por uma análise ampla de todas as informações disponíveis. No livro "A quinta disciplina", Peter Senge menciona um estudo de Chris Argyris que propôs chamar de "Escada da Inferência" o processo que resulta num comportamento enviesado.

Muitos estudos seguirão apontando a importância da pergunta para o desenvolvimento das pessoas, mas a observação comum também é útil para isso. Observar os propósitos da pergunta nas diferentes fases de nossa vida é um exemplo. Quando uma criança pergunta, ela expressa uma curiosidade genuína para decifrar o mundo à sua volta. Todos os sentidos, pensamentos e emoções são uma descoberta diferente, às vezes atraente e às vezes assustadora. Já na adolescência, as transformações físicas, químicas e emocionais criam as condições ideais para fazer do questionamento uma ferramenta para construir uma identidade própria. Em qualquer idade, a pergunta serve ao aprendizado, e à medida que amadurecemos, saber fazer perguntas pode se tornar um ato estratégico para construir relações e parcerias, seja na família, no trabalho ou com os amigos.

Se considerarmos a pergunta um ato estratégico que nos possibilita continuar motivados a aprender e conquistar autonomia, além de permitir viver melhores relacionamentos, então a "ferrugem" cerebral não é uma opção.

Portanto, em vez de contar todas as suas experiências quando tinha a idade do seu filho, suas perguntas precisam captar a atenção dele para o atrito provocado pelos pertences espalhados pela casa, por exemplo. Em vez de dar a solução para aquela pessoa da equipe que veio pedir ajuda, suas perguntas podem empoderá-la para solucionar um problema instalado ou iminente. Em vez de relevar a atitude de sua amiga, suas perguntas podem alertá-la para a falta de atenção que ela vem oferecendo à relação de vocês e a ressignificar o vínculo que possuem. Em vez de interpretar a fala de seu cliente, tornando-o dependente de suas opiniões e percepções, suas perguntas podem provocar o insight necessário para ele seguir adiante.

Este livro é para você que deseja ser um líder ou um profissional melhor e se deu conta de que precisa "desenferrujar" para fazer perguntas ou reciclar as perguntas que faz.

Para você que na formação acadêmica sentiu falta de um espaço para refletir e praticar a habilidade de fazer perguntas, tão cara às profissões de apoio. Para você que pretende usar a pergunta como uma ferramenta estratégica e para você que pretende manter a curiosidade afiada. Até porque, além da morte, a única certeza que temos é a de que é impossível saber tudo sobre tudo o tempo todo.

A primeira parte do livro fala sobre a pergunta de uma forma geral e sobre as classificações mais usadas, até chegar ao que se convencionou chamar de pergunta instigante ou poderosa, e a compreensão de suas características.

A segunda parte traz uma compilação de referências sobre perguntas propostas por diversos autores — a maioria de autores ligados ao universo da prática de coaching, mas não só eles —, para você somar às perguntas que usualmente faz.

A última parte explora alguns dos desafios mais comuns aos que buscam desenvolver a habilidade de fazer perguntas, junto com algumas recomendações para conseguir avançar.

Todas as partes trazem como referência as "conversas de coaching", pois o propósito dessas conversas é facilitar a expressão do potencial que cada um de nós possui e o aprendizado, ambos envolvidos na realização de algo desejado. É importante já esclarecer: a conversa de coaching não é uma conversa da consultoria que identificará a melhor solução, nem uma conversa da terapia que tratará um problema físico ou emocional. A conversa de coaching é um espaço de reflexão que pode transformar a maneira como lidamos com um desafio e, nessa perspectiva, apesar de não ser terapia, pode ser terapêutica.

Os capítulos a seguir não precisam ser lidos de forma linear, pois um conteúdo não está subordinado ao outro, então fique à vontade. Claro que existem referências cruzadas entre os conteúdos, mas fica a seu critério o que, como e quando ler.

Antes de começar, preciso agradecer a todos os mestres, mentores, supervisores e colegas que conheci até aqui; aos clientes e aos participantes da Oficina da Pergunta, com quem tanto aprendo; à minha família e a alguns amigos que consultei e contribuíram muito com sua visão amorosa e ao mesmo tempo crítica. A lista seria imensa e não vou me arriscar a relacionar todos os nomes. Tá certo, gente? (Pergunta fechada!).

Gilda Goldemberg

PRIMEIRA PARTE

Gilda Goldemberg

PERGUNTA, INDAGAÇÃO, INTERROGAÇÃO, QUESTÃO ETC.

"Devemos julgar um homem mais pelas suas perguntas do que pelas suas respostas."
Voltaire

Para começar pelo começo, algumas curiosidades sobre a pergunta podem ser úteis para quem está desenvolvendo a habilidade e um repertório personalizado.

Linguisticamente, pergunta, indagação e questão são palavras substantivas femininas e podemos considerá-las sinônimas. No entanto, elas se distinguem por algumas sutilezas.

Pergunta é uma palavra derivada do verbo perguntar, que, por sua vez, provém do latim "percontari". "Per" em latim significa "por", e assim como "percapita", significa "por cabeça", "percontari", significa "por contar"[i].

A pergunta é um pedido de informação, uma palavra ou frase que se espera que alguém responda ou, como "percontari" sugere, conte algo a respeito.

Indagação também vem do latim, "in dagatio onis", e guarda relação com um ato íntimo de perguntar a si mesmo, com um ato investigativo.

Questão também vem do latim, "quaestĭo - ōnis". A questão se relaciona a um ponto, um aspecto circunscrito que se presta a uma discussão.

Em algumas culturas, perguntar, indagar ou questionar são sinais de desrespeito, de inconveniência e até mesmo de rebeldia. Alguns países asiáticos e a maioria das ditaduras são assim. De uma forma geral, culturas muito hierarquizadas tendem a gerar ambientes avessos ao ato de perguntar. Por outro lado, nas sociedades onde o questionamento é comum, a pergunta pode ser percebida numa escala que vai da genialidade à boçalidade, da chance de realizar uma inflexão histórica a uma atitude deliberadamente constrangedora, especialmente com a comunicação cada vez mais midiática e instantânea.

No entanto, a pergunta é o método, a ferramenta, o recurso mais acessível a qualquer pessoa, e compreender sua natureza facilita seu uso para diversos propósitos.

Várias profissões usam sistematicamente a pergunta como ferramenta de trabalho. Para os professores, pode ser um recurso que estimula a curiosidade ou que verifica o conhecimento aprendido. Para os advogados, ela serve para levantar provas e influenciar veredictos. Perfeita para motivar o consumo, a pergunta é muito usada pelos marqueteiros. Já para os médicos, é um meio de configurar diagnósticos.

Para os filósofos, a pergunta é o método que gera a reflexão. Os pensadores elaboram basicamente dois tipos de pergunta: a epistemológica, que se refere à própria ciência, e a ontológica, que se refere ao ser. Por exemplo, "o que é a realidade?" é uma pergunta ontológica, enquanto uma típica pergunta epistemológica sobre o mesmo tema seria: "como saber se realidade existe?".

Como veremos mais adiante, uma das funções da pergunta numa conversa de coaching é gerar aprendizados a partir da reflexão. Logo, pode ser útil aprofundar seus conhecimentos sobre filosofia. Buscar conhecer as grandes linhas de pensamento clássico e contemporâneo ajuda a ampliar o repertório e ir além da pergunta "socrática", que é a mais popular. Por exemplo, a escola existencialista pergunta por que e para que viver; os estoicistas perguntariam: "como viver em um mundo onde as coisas não acontecem como você quer?"; já os relativistas perguntariam: "se tudo é relativo, o que é moral?". Por aí vai.

A propósito, não é exatamente a pergunta que é "socrática".

Sócrates ficou conhecido pela maiêutica[ii], ou seja, pela maneira como propunha "parir" ideias. Ele considerava que as pessoas conhecem a verdade, mas como esse conhecimento pode estar latente, elas precisam ser estimuladas por meio de perguntas simples, mas perspicazes, para chegar à verdade. Em seu método, Sócrates provocava a dúvida sobre o próprio saber das pessoas, fazendo perguntas para revelar contradições sobre o que pensavam. Depois, ele passava a fazer perguntas para estimulá-las a construir os próprios conceitos. Construir os próprios conceitos é tudo que um interlocutor pode esperar de uma conversa de coaching, assim como encontrar as próprias soluções e tomar decisões por conta própria. Enfim, a conversa de coaching resulta na autonomia e empoderamento do interlocutor. Em tempos de soluções instantâneas e decisões tomadas por inteligência artificial, a conversa de coaching parece ir na contramão da história. É bem verdade que já recebi, pelas redes sociais, um protótipo de aplicativo que realiza uma conversa de coaching. Talvez um dia, numa dessas distopias produzidas pelos serviços de streaming, a conversa de coaching será retratada como uma prática ancestral, totalmente ultrapassada, e os interlocutores considerados subversivos. Será?! Pergunta fechada.

CLASSIFICAÇÕES

Neste segmento você:

- Aprenderá as características e funções dos diversos tipos de perguntas;
- Realizará exercícios para aperfeiçoar as perguntas que faz.

Existem muitos tipos de perguntas, e a maioria delas é útil para uma conversa de coaching. Lembrando: esse é o tipo de conversa que se propõe a facilitar a reflexão, a expressão do potencial e o aprendizado que podemos obter frente a um desafio.

A proposta aqui não é esgotar a exposição sobre os tipos de perguntas, mas refletir sobre as suas características. A partir dessa reflexão, você pode analisar seu estilo de perguntar, ser mais crítico em relação ao seu repertório atual e, quem sabe, sentir-se provocado a diversificar as perguntas que realiza.

Antes de seguir lendo essas classificações, que tal escrever num papel as perguntas que mais gosta de fazer ou que faz com maior frequência?

Pergunta Estilística

Na pergunta estilística, a interrogação consiste na substituição de uma afirmação simples por uma pergunta sem intenção de obter ou dar qualquer resposta. A interrogação tem como finalidade realçar o pensamento e levar o leitor a refletir sobre algo que é inquestionável.

Por exemplo: "está calor hoje, né?!"

Parece desnecessário mencionar que a pergunta estilística não gera reflexão, mas, em todo caso, é bom ficar atento à sua conversação para evitá-la.

Se a pessoa com quem você está conversando faz muitas perguntas estilísticas, é melhor comunicá-la diretamente sobre isso e criar uma pergunta para fazê-la refletir a respeito. Comunicação direta já foi uma das competências preconizadas pela ICF (Federação Internacional de Coaches). Trata-se de usar uma linguagem apropriada e respeitosa, de ser claro, articulado e direto ao fornecer um feedback. Por exemplo: notei que você pergunta com frequência "você está maluca?" quando isso acontece, fico com a impressão que você deseja que eu confirme sua percepção ou que está me criticando. O que exatamente você quer me dizer ou perguntar?

Perguntas Abertas & Perguntas Fechadas

De modo geral, a pergunta fechada obriga o respondente a selecionar uma alternativa numa lista de opções predeterminadas, enquanto a pergunta aberta oferece a liberdade de expressar o que quiser sobre o assunto que gerou a questão.

Barbara Snell Dohrenwend, PhD em Psicologia pela Universidade de Columbia, definiu questões fechadas como "aquelas que podem ser respondidas com respostas curtas, selecionadas de um número limitado de respostas possíveis"[iii]. Ela identificou três tipos de questões fechadas:

1. Questão de seleção, onde duas ou mais alternativas são apresentadas;
2. Questão sim/não, quando uma das alternativas ou equivalentes fornece a resposta adequada;
3. Questão de identificação, caracterizada por pronomes interrogativos, tais como "que", "quando" e "onde". Conduz o respondente a selecionar uma resposta

de um conjunto limitado de possibilidades.

Segundo Dohrenwend, as questões abertas, por sua vez, não determinam ou insinuam um conjunto de respostas curtas que o respondente possa ou deva escolher.

Referência para construção de pesquisas no campo social, o livro "Asking Questions"[iv], de Norman Bradburn, Seymor Sudman e Brian Wansink, compara perguntas abertas e fechadas, listando três grandes vantagens das perguntas abertas:

1. Permitem ao respondente dar uma opinião completa, com todas as nuances possíveis;
2. Permitem fazer distinções que geralmente não são possíveis em perguntas fechadas;
3. Permitem que o respondente se expresse em suas próprias palavras, portanto, fique mais à vontade para responder.

Os autores também destacam as desvantagens das perguntas abertas, principalmente porque exigem que a informação obtida seja resumida. Para pesquisadores, dependendo do tema, resumir se torna uma tarefa complexa que custa tempo e recursos, abrindo a possibilidade de erros de classificação e, consequentemente, de fidedignidade. Eles chamam a atenção para o fato de que a pergunta aberta exige maior esforço por parte do respondente, que precisa prestar mais atenção e de mais tempo para organizar seu pensamento a respeito do tema. Assim sendo, uma pergunta que surpreenda pode provocar uma resposta "desorganizada", por falta de oportunidade de refletir sobre o assunto e produzir, como primeira reação, o que estiver mais recente e de fácil acesso na memória do respondente. Já as perguntas fechadas são mais difíceis para construir, mas mais fáceis para analisar, e correm menos risco de variação por conta do entrevistador e do codificador.

Você deve estar se perguntando... Qual pergunta gera mais reflexão: aberta ou fechada? Depende.

A pergunta aberta é, sem dúvida nenhuma, um convite para a reflexão. Mas também pode levar o interlocutor a contar tudo o que já sabe ou pensou sobre o tema, e às vezes isso significa que ele não está exatamente refletindo, mas sim produzindo uma narrativa[v]. Alguns autores sugerem que o "espaço de pensamento"[vi] seja cultivado, alegando que o simples ato de narrar pode ajudar a pessoa a refletir sobre algo que ainda não tenha pensado. Logo, é preciso estar atento à resposta para determinar se a pergunta provocou reflexão. A pergunta fechada de fato se presta mais para provocar uma ação, e também pode gerar uma reflexão. Isso acontece, por exemplo, quando revela uma dicotomia que a pessoa não está observando, ou apresenta um leque de opções disponíveis para escolha que evidenciam que ela pode estar refletindo sobre o foco errado.

Por exemplo, "este é o melhor momento para decidir sobre isso?" ou "você mencionou A e B: o que será mais útil para resolver esse problema agora?" são perguntas fechadas que evocam o respondente a ponderar sobre diversos aspectos de uma questão para provocar uma ação. Já perguntas como "você tem mais cinco minutos para continuarmos?" ou "você conhece a Debora?" são perguntas fechadas de verificação, que evocam pouca reflexão e nenhuma ação.

Há ainda as perguntas escalonadas, que, como veremos mais adiante, apesar de fechadas, podem ser muito instigantes.

Perguntas Curtas & Longas

A maneira mais simples de determinar a diferença entre uma pergunta curta e uma pergunta longa é pela quantidade de palavras que ela possui.

De acordo com Jenny Rogers, uma das coaches mais influentes da Inglaterra, uma pergunta poderosa contem de sete a doze palavras, e quanto mais curta, melhor[vii].

Praticar o "minimalismo" ao fazer perguntas é uma tarefa aparentemente fácil. Por exemplo, perguntas curtas podem ser aquelas em que escolhemos uma "palavra-chave" e utilizamos um tom interrogativo, tais como "importante?", "fazer?". Outra modalidade de pergunta curta é a que utiliza os advérbios de forma isolada, como "o quê?", "qual?" "quem?", etc.

Acontece que a dinâmica de uma conversa nem sempre permite o uso isolado de palavras-chave ou de advérbios, exigindo artigos, conjunções, entre outros elementos linguísticos para facilitar a troca de mensagens. Sendo assim, e considerando a definição de Rogers, uma pergunta curta contém sete ou menos palavras e uma pergunta longa é aquela que precisa de mais de doze palavras para fazer sentido ao respondente.

Por exemplo, "qual é o seu desafio?" e "quem é o responsável por essa iniciativa?" são perguntas curtas, enquanto "quais são as opções de pagamento que a companhia de seguros está oferecendo este ano para você?" e "quando será possível visualizar a pontuação e a classificação que você obteve durante o campeonato?" são perguntas longas.

Perguntas sobre o Passado, Presente & Futuro

Qual é o tempo do verbo nessa pergunta que você anotou?

Dificilmente paramos para observar o tempo do verbo que utilizamos nas conversações, mas se desejamos realizar uma conversa que expresse o potencial de uma pessoa ou de um projeto, a configuração da pergunta precisa observar esse fator.

A pergunta sobre o passado especula sobre o que foi e o que deveria ter sido. Há uma investigação na pergunta sobre o passado que geralmente suscita um "modo justificativa". Ou seja, as pessoas se defendem com explicações intermináveis sobre os motivos para tudo ter sido como foi, e isso contribui pouco para o que pode ser feito. A pergunta sobre o passado ajuda a entender o que está acontecendo no presente, mas a conversa de coaching é voltada para o futuro. O passado revela utilidade para o futuro quando invoca o aprendizado. Não há como modificar o passado, mas aprender com ele para agir no presente e criar um futuro, sim!

O presente, o aqui e agora, ajuda a perceber os impactos das ações empenhadas e o que deve ser diferente no futuro, o que pode facilitar ou atrapalhar a conquista do que se deseja. Aliás o melhor momento para um bom feedback é justamente o do presente que acabou de se tornar passado. Portanto, falar sobre o impacto do que o outro falou em você, aqui e agora, pode ser muito útil na conversa de coaching. Por exemplo, quando você fala "senti um tom agressivo na sua fala, como será que as pessoas se sentem quando fala assim?".

Ainda assim, a conversa de coaching é mais orientada pelo feedfoward: o que pode ser diferente?

Exercícios práticos para fazer perguntas de coaching

- Analise as perguntas que faz com maior frequência. Elas são abertas ou fechadas? São curtas ou longas?
- Transforme as perguntas fechadas em perguntas abertas;
- Diminua a quantidade de palavras das perguntas longas;
- Há alguma pergunta estilística no seu repertório? No repertório da pessoa com quem deseja conversar? Qual comunicação direta pode ser feita?
- Transforme as perguntas com verbos no passado.

Outras Classificações

Perguntas abertas, fechadas, curtas e longas se combinam no contexto de uma conversa, gerando outras classificações que ajudam as pessoas interessadas em desenvolver habilidades para fazer perguntas.

Retórica

Quando a pergunta convida o individuo a compartilhar suas reflexões, ela é uma pergunta retórica. Ela pode ser muito útil para compreender os conceitos e julgamentos que a pessoa utiliza em suas reflexões. No entanto, as convida a compartilhar o que já sabem e seu uso deve ser estratégico.

Por exemplo, "qual é a sua definição de felicidade?" ou "o que você quer dizer com isso?" são perguntas retóricas. Esse tipo de pergunta pode ser muito útil para conhecer a visão de mundo de quem responde, mas também pode tornar a conversa um grande bate-papo ou desabafo, ocupar muito tempo e, se assim for, comprometer o que chamamos de conversa de coaching. Portanto, fique atento.

Explicada

A pergunta explicada acontece quando o perguntador usa uma expressão desconhecida pelo respondente, quando a resposta demora ou, ainda, quando percebe pela comunicação não verbal do respondente que ele não entendeu a pergunta que lhe foi feita.

Exemplo: "Como você lida com a pressão de ser a melhor? Algumas pessoas não sentem impacto para lidar com pressão, mas algumas perdem o sono, outras ficam irritadas, etc. Como você lida com isso?".

A pergunta explicada pode ser um sinal de "ausência" do perguntador, ao estar ocupado em reagir a uma conversa por meio de uma pergunta em vez de realizar um comentário que compartilhe um pensamento, seguido de uma pergunta simples e curta. Por "ausência" aqui se entende o oposto de presença, outra competência importante para que o perguntador seja efetivo numa conversa de coaching. A presença está relacionada ao foco total no interlocutor. Logo, se o perguntador está pensando na próxima pergunta para reagir à resposta anterior, ele está "ausente" e eventualmente se vê obrigado a explicar.

Perguntas explicadas também acontecem quando quem pergunta se dá conta de que incluiu uma palavra ou um conceito desconhecido pelo respondente.

Exemplo: "Qual transmutação você deseja para si?... A transmutação é um conceito da química que define a conversão de um elemento em outro, então, se você pudesse se converter em outra pessoa, quem seria?".

Em uma conversa de coaching, é esperado que o perguntador faça perguntas utilizando conceitos e linguagem alinhados ao conhecimento e discurso de quem responde. Se existe a chance de este não conhecer um ou mais termos utilizados pelo perguntador, é melhor explicar primeiro para depois fazer a pergunta. Conhecer e respeitar o universo linguístico do interlocutor é mais um sinal de presença.

"Grávida"

É quando alguma expressão utilizada pode ter várias interpretações e quem pergunta não especifica qual delas está implicada. Por exemplo: "Como é o seu trabalho?". A palavra "trabalho" pode se referir à atividade realizada, às sensações relacionadas ao trabalho, ao ambiente da empresa, etc.

Esse é o tipo de pergunta que pode ocorrer quando quem pergunta e quem responde ainda estão reconhecendo o estilo de discurso um do outro. Acontece que uma pergunta grávida pode ter um efeito negativo na dinâmica da conversa de coaching, na medida em que exige esclarecimentos por parte do perguntador, que precisa interromper a pessoa que responde para esclarecê-la e reposicioná-la.

Um risco da pergunta grávida é que ambas as partes podem achar que estão falando da mesma coisa, quando pode haver diferenças significativas.

Ao ler essa passagem, Eliana Dutra, primeira MCC (Master Coach) da América Latina, com quem sempre tenho a honra de aprender muito, chamou atenção para a oportunidade que a pergunta grávida pode suscitar. Ao fazer uma pergunta utilizando uma palavra "grávida", o perguntador pode explorar o significado que a palavra tem para quem responde e nessa exploração provocar várias reflexões.

Sim, Eliana tem razão. Mas em todo caso, analise suas perguntas e verifique se está formulando perguntas grávidas deliberadamente, para provocar reflexões, ou se está criando ruídos de comunicação.

Em série

Perguntas "Seriais" são aquelas em que o perguntador faz duas ou mais perguntas simultaneamente.

Exemplo: "Quem você era? Quem você é? Quem deseja ser? Como será?".

"Despejar" perguntas em série ajuda o perguntador a gerenciar o tempo ou a meta da conversa, e pode ser uma estratégia para lidar com a ansiedade de cumprir seu papel.

Acontece que, quando mais de uma pergunta é realizada, o respondente pode ficar confuso. Para não comprometer a dinâmica da conversa, a pessoa pode não responder todas as questões, ou responder de forma rápida e superficial, dedicando menos tempo que o desejável para a reflexão esperada de uma conversa de coaching.

Capciosa

Socialmente, aprendemos a reconhecer e nos esquivar das perguntas capciosas.

Abertas ou fechadas, elas são as perguntas feitas intencionalmente para confundir, enganar e até comprometer negativamente alguém.

Quando uma pessoa interpreta a pergunta como capciosa, é muito provável que o perguntador ainda não goze da confiança plena de quem responde.

Para uma conversa de coaching fluir, muitas vezes é importante que o perguntador antecipe o propósito de suas perguntas, promovendo um espaço seguro e de confiança para o respondente compartilhar suas reflexões.

Por exemplo, dependendo do contexto, se você pergunta "o que você acha mais importante: casar ou comprar uma bicicleta?", seu interlocutor pode interpretar que você está questionando os valores morais dele. Inseguro, ela/ele responde genericamente ou desvia o assunto para outro tema. Explicitar o propósito, neste exemplo, "adoro festas, mas gosto muito mais de viajar. Como tenho pouco dinheiro para investir numa cerimônia, estou em dúvida entre casar ou simplesmente fazer o registro civil, me mudar para a casa do Rodrigo e comprar aquela bicicleta enquanto guardamos dinheiro para uma viagem especial: o que você acha disso?".

Dialética

A pergunta dialética contém palavras que expressam condições opostas de uma mesma questão e, por vezes, pode ser interpretada como capciosa. Na conversa de coaching, no entanto, a pergunta dialética deve servir à reflexão, podendo ser muito útil para ampliar e estruturar a perspectiva do respondente. Exemplos: "Qual é a pior/melhor coisa que pode acontecer?", "O que é urgente e o que pode ser adiado?", "Quais são os prós e contras dessa decisão?".

Sugestiva

Como o nome sugere (impossível resistir ao trocadilho), trata-se de uma pergunta fechada, composta por uma ou mais sugestões.

Por exemplo: "Que tal convidar a Rosa para jantar?"

Já sabemos que a reflexão é um dos propósitos da conversa de coaching, logo é importante evitar a sugestão para que o interlocutor encontre por sua própria conta as diversas possibilidades de um tema.

No caso acima, a pergunta alternativa e típica de uma conversa de coaching seria: "Quem você gostaria de convidar?"

Ao sugerir, o perguntador incorpora o papel de conselheiro e a conversa transfere a responsabilidade de quem responde para quem sugere. Fazer perguntas sugestivas não é o mais indicado quando queremos gerar autonomia e autorresponsabilização, que são outros propósitos da conversa de coaching. É possível que, em alguns casos específicos, para incentivar a reflexão de quem responde, você precise usar um "parente" da pergunta sugestiva. Confira mais adiante a pergunta "múltipla escolha".

Escalonada

Quando a resposta está vinculada a uma escala, como: "De zero a dez, quão motivado você está?", ou ainda, "Você se sente despreparado, relativamente preparado ou muito preparado?".

Apesar de ser fechada, a pergunta escalonada ajuda quem responde a tornar objetivo um indicador subjetivo, pois, ao posicionar sua percepção em um ponto da escala, é preciso ponderar sobre os fatos e dados subjacentes ao estado atual, ao estado desejado e ao efetivamente alcançado. Usar escalas para configurar o resultado desejado de uma conversa facilita a torná-la mais focada. Por exemplo: "Não sei o que fazer, estou muito preocupado. Então, se até o final da nossa conversa você me ajudar a pensar em pelo menos por onde começar, acho que ficarei mais tranquilo/menos preocupado." "Por onde começar" é o foco, "muito preocupado" e "menos preocupado", a escala. O quê, quem, como, quando preocupa? O quê, quem, como, quando preocupará menos? Assim, uma escala serve para configurar ótimas conversas de coaching.

É comum associarem uma escala às notas escolares, às metas de negócios, etc. Neste contexto, a pergunta escalonada também pode ser útil para identificar o nível de exigência empregado pelo modelo mental de quem responde.

Por tudo isso, as questões escalonadas podem enriquecer substancialmente as reflexões em uma conversa de coaching.

Múltipla escolha

A múltipla escolha é uma pergunta fechada que relaciona previamente as diversas respostas possíveis.

A reflexão sobre alternativas, numa conversa de coaching, é prerrogativa de quem responde. Logo, esse é o tipo de pergunta que pode subestimar a capacidade do interlocutor de encontrar e se apropriar das alternativas disponíveis. Por outro lado, cocriar um "cardápio" de alternativas pode ser útil quando quem responde jamais refletiu sobre o tema, apenas começou ou ainda está consolidando o hábito de pensar e levantar possibilidades. Fique atento e evite transformar a pergunta múltipla escolha em pergunta sugestiva, buscando fazer perguntas que apoiem quem responde a construir um cardápio.

Um dos diversos usos da pergunta múltipla escolha na conversa de coaching é aquele em que quem pergunta procura refletir o que ouviu. Por exemplo, para identificar o foco de uma conversa, após ouvir vários temas numa mesma argumentação, "você falou sobre A, B, C e D, qual desses gostaria de explorar no tempo que nos resta?". Outro exemplo, após a reflexão sobre várias alternativas, quem pergunta pode provocar uma ação ou decisão: "você identificou que pode fazer 1, 2,3, etc. O que será mais viável agora?"

Exercícios práticos para fazer perguntas de coaching.

- Analise as perguntas que faz com maior frequência. Como as classificaria?
- Transforme uma ou mais perguntas em pergunta dialética;
- Transforme uma ou mais perguntas em pergunta escalonada;
- Transforme uma pergunta sugestiva em pergunta "cardápio".

PERGUNTAS INSTIGANTES
& SUAS CARACTERÍSTICAS

"É preciso coragem para fazer perguntas ao invés de oferecer conselhos, fornecer a resposta ou a solução."
Brené Brown

Neste segmento, você:

- Aprenderá a identificar os componentes das perguntas chamadas "poderosas";
- Compreenderá a importância da combinação dos componentes e a relação estabelecida entre quem pergunta e quem responde;
- Fará exercícios para aperfeiçoar as perguntas que faz.

As conversas de coaching utilizam perguntas instigantes, ou, traduzindo literalmente do inglês, "poderosas".

Afinal, o que faz de uma pergunta uma pergunta poderosa?

Na versão do modelo de competências utilizado pela ICF (International Coaching Federation) até 2020, "Powerful Questioning", ou "Questionamento Instigante", como traduzido da página do seu site brasileiro, era uma competência. A definição falava da "habilidade de fazer perguntas que revelem as informações necessárias para o benefício máximo do relacionamento de coaching para o cliente". Tratava-se de fazer perguntas que:

1. Reflitam a escuta e compreensão ativa de uma perspectiva;
2. Evoquem a descoberta, o insight, compromisso ou ação;
3. Criem maior clareza, possibilidades ou novos aprendizados;
4. Façam a pessoa se mover em direção ao que deseja, e não se justificar ou olhar para trás.

Em 2020, uma revisão do modelo passou a considerar a habilidade de fazer perguntas na maioria das competências, para criar a parceria e os acordos (o que deseja levar dessa conversa?); entender o interlocutor e seu contexto (qual é a importância disso para você?); escutar ativamente (o que pensa / sente / preocupa a esse respeito?); facilitar o aprendizado (qual é a oportunidade de aprendizado agora?) e, principalmente, para evocar consciência (qual é a sua parte?)

No livro "Coaching para Performance", John Whitmore, pioneiro da prática do coaching como a conhecemos hoje, chama as perguntas instigantes ou poderosas de "perguntas eficazes". Ele as define como questões que capturam a atenção do respondente, que o ajudam a descrever determinados temas sem julgamento ou que criam oportunidade para ele tomar consciência e se responsabilizar pelo que precisa ser feito. Em seu site[viii], David Clutterbuck, um dos fundadores da EMCC

(European Mentoring & Coaching Council), esclarece que perguntas poderosas são "aquelas que têm um impacto significativo e positivo na qualidade e na direção do pensamento de uma pessoa sobre questões importantes para ela". Já Rafael Echeverría, um dos criadores do Coaching Ontológico, entende que a pergunta sobre o Ser é "A" pergunta poderosa, pois a partir dela as pessoas condicionam seu olhar sobre si próprias, os demais e sobre o mundo[ix].

Publicado em 2003, The Art of Powerful Questions, de Erick E. Vogt, Juanita Brown e David Isacs descrevem as três dimensões que compõe o que chamam de "arquitetura" das perguntas poderosas. A primeira dimensão está relacionada à construção linguística da pergunta, ou seja, a eficácia da pergunta está diretamente relacionada às palavras que escolhemos. A segunda dimensão está ligada ao escopo da pergunta, então é preciso ficar atento ao contexto e às necessidades para criar uma pergunta na medida adequada. A terceira dimensão está ligada aos possíveis vieses utilizados na construção das perguntas. Para exemplificar essa última dimensão, os autores fazem uma comparação entre as seguintes perguntas: "O que fizemos de errado e quem é o responsável?" e "O que podemos aprender com o que aconteceu e que possibilidades vemos agora?". A primeira pergunta assume erro e culpa, portanto, há uma grande chance de quem está respondendo ficar na defensiva.

De uma forma geral, a maioria dos autores descrevem as perguntas instigantes ou poderosas como aquelas que provocam reflexão, autorresponsabilização e ação no sujeito que é convidado a responder[x]. Outra característica fundamental das perguntas numa conversa de coaching é o olhar para o futuro. Elas miram o estado desejado, algo que se concretizará como resultado das reflexões e ações tomadas por quem responde.

Sendo a reflexão um dos efeitos esperados, parece natural que a pergunta contenha elementos sobre os quais a pessoa se sentirá motivada a pensar. Assim, a pergunta que gera reflexão precisa incorporar o universo linguístico e conter aspectos voltados aos interesses pessoais, sociais e culturalmente compartilhados de quem responde.

É curioso notar que muitas perguntas instigantes ou poderosas são genéricas, ou seja, a mesma pergunta pode ser feita para diversas pessoas em diferentes contextos. Essas perguntas se apresentam na forma de perguntas curtas, abertas e simples de entender. Paradoxalmente, o poder da pergunta instigante está justamente em ser dirigida a um indivíduo diante de necessidades específicas emergentes de sua visão de mundo, dos desafios de ser quem é e quem deseja ser. Assim sendo, quem elabora uma pergunta poderosa busca informações sobre o interlocutor e sobre o seu ambiente, assim como sobre valores e sentimentos pessoais ou compartilhados que possam estar implicados. A comunicação não verbal que pode ser observada no ritmo, no tom da voz e no momento escolhido para fazer uma pergunta também é capaz de transformar a pergunta genérica em pergunta poderosa. Por exemplo, na dinâmica de uma conversa, ao notar um suspiro, a pergunta instigante poderia ser: "(esse suspiro) o que foi?".

Outro motivo para a pergunta instigante ou poderosa apenas parecer genérica, no contexto de uma conversa de coaching, é que quem (coach) pergunta se ocupa de apoiar quem responde (pessoa) a pensar e explorar seu potencial para seguir no caminho que deseja. Nesse caso, a pergunta é motivada pela intenção de honrar um acordo entre as duas partes — apoiado/pessoa e apoiador/coach. Portanto, a agenda da pergunta é, ou pelo menos deveria ser, de quem responde, e não de quem pergunta. Por agenda entende-se aqui o objetivo, o contexto e os desafios.

Se a agenda da pergunta deve ser a de quem vai responder, outras características podem ser observadas na pergunta instigante ou poderosa. Quem a faz provavelmente não conhece a resposta ou boa parte dela, ou ainda não conhece a resposta daquela pessoa — caso contrário, estaria fazendo uma comunicação direta[xi]. Nesse contexto, quem pergunta mostra uma curiosidade genuína. Comunicação direta, como mencionado anteriormente, diz respeito ao uso de uma linguagem apropriada e respeitosa, de ser claro, articulado e direto ao fornecer um feedback. Na conversa de coaching, às vezes, a resposta pode ser desconhecida também por quem responde. Logo, a situação exige, de antemão, cuidado e respeito de quem pergunta para quem responde. Cuidado pois, por vezes, para preservar a confiança construída na parceria de uma conversa coaching, quem pergunta precisa explicar sua intenção e até pedir autorização para fazer uma pergunta (lembra-se da pergunta capciosa?). Respeito porque, pelo mesmo motivo, precisa oferecer espaço para o outro pensar e isso pode exigir segundos, minutos, dias de silêncio; também pois o fato de o sujeito não responder imediatamente não significa que ele seja incapaz disso.

A reflexão provocada por uma pergunta instigante ou poderosa muitas vezes perdura e se expande, indo além do foco original da conversa*. Isso acontece porque ela leva o sujeito, direta ou indiretamente, a correlacionar ações, emoções e valores. A composição da pergunta poderosa, então, utiliza verbos no infinitivo que sugerem ação, que sondam sensações e sentimentos, que evocam as emoções, investigam o que realmente importa para o sujeito e o que está implicado no foco da conversa. Quando o efeito desejado é expandir, observamos que advérbios como "maior", "melhor" e palavras no plural, como na expressão "quais alternativas", são elementos que ajudam a compor uma pergunta instigante ou poderosa.

Como a autorresponsabilização é outro efeito que define a pergunta em uma conversa coaching, a questão precisa convidar o sujeito a reconhecer não só quem é ou deseja ser, porque isso lhe interessa, mas também o que faz/não faz e o que fará/não fará para ser quem deseja. Ao incluir de maneira contundente o sujeito na configuração dos fatos atuais e futuros, a pergunta o convida a reconhecer sua parte e a fazer escolhas. Nesse sentido, a autorresponsabilização também passa pela apreciação das capacidades do sujeito de identificar e decidir sobre as alternativas de ação que mais lhe convêm. Portanto, a composição da pergunta instigante ou poderosa, na maioria das vezes, inclui o sujeito direto, ou seja, o pronome "você". As "Questões Ativas", descritas por Marshall Goldsmith no livro Gatilho, são um exemplo disso: "Você fez o seu melhor para...?".

Por fim, se um dos efeitos da pergunta instigante é provocar a ação, o verbo no infinitivo mais uma vez é esperado na sua composição. Nesse caso, o "DNA" da ação contido no verbo "fazer" é óbvio.

Recapitulando, é possível reconhecer uma pergunta instigante ou poderosa pela combinação de algumas das características abaixo relacionadas:

- A pergunta mostra curiosidade genuína e é feita cuidadosamente;

- O foco das perguntas é predominantemente no futuro, por vezes no aqui e agora e raramente no passado;

- É curta, aberta e simples de entender, muitas vezes parece genérica;
- Contém verbos de ação no infinitivo e o pronome "você";
- Contém palavras no plural e advérbios de intensidade;
- Utiliza o linguajar e é dirigida a temas que interessam a quem responde;
- Ritmo, tom de voz e momento escolhido causam impacto no respondente;
- Contém valores e emoções que possam estar implicados no foco da conversa;
- Provoca o sujeito a refletir sobre suas capacidades para escolher um estado futuro;
- Refere quem o sujeito deseja ser;
- Implica o sujeito no estado atual;

- Há intensão em honrar um acordo entre quem pergunta e quem responde;
- A agenda da pergunta é de quem responde, e não de quem pergunta;
- O silêncio acontece em respeito a quem responde.

Exercícios práticos para fazer perguntas de coaching

- Agora, revisite suas perguntas — tanto as que você faz com frequência quanto as que transformou ou criou à medida que foi conhecendo mais classificações das perguntas: elas são instigantes/poderosas?
- Transforme a perguntas que deseja fazer em perguntas instigantes.

Gilda Goldemberg

SEGUNDA PARTE

Gilda Goldemberg

PERGUNTAS PARA CONVERSAS DE COACHING

"Todo conhecimento é uma resposta a uma pergunta."
Gaston Bachelard

Neste segmento, você:

- Conhecerá vários exemplos de perguntas cunhadas por autores de destaque no cenário profissional de coaching;
- Poderá montar um novo repertório ao adaptar perguntas ao seu propósito.

Lembrar-se das perguntas realizadas, escrever e reescrevê-las são atitudes muito úteis para o desenvolvimento da habilidade de perguntar. Observar a dinâmica de uma conversa de coaching por meio de uma gravação, ouvindo e refazendo perguntas, também.

Outra maneira muito eficaz de desenvolver essa habilidade é participar de grupos de prática ou combinar uma prática regular com alguém, também interessado em se desenvolver, formando uma dupla para testar novas perguntas. Na verdade, você pode combinar com qualquer pessoa — basta avisar que está aperfeiçoando sua habilidade de fazer perguntas e que gostaria de praticar na conversa que vai começar. Avisada, ela compreenderá seu propósito e não se sentirá confusa ou ameaçada (confira mais detalhes sobre a pergunta capciosa na primeira parte).

A seguir, estão compiladas várias perguntas que você pode testar, praticar e incorporar ao seu "set". Todas seguem com as referências para você mesmo buscar a fonte. Lembre que as habilidades de comunicação — fazer perguntas é uma delas — são desenvolvidas não só pela prática da fala, mas pela escrita e pela leitura[xii].

Gatilho – Marshall Goldsmith

Marshall Goldsmith é um dos coaches empresariais mais respeitados do mundo. Nesse livro, ele dedica um capítulo para as "Questões Ativas", aquelas que autoquestionam o que estamos ou não fazendo. Ele menciona um estudo realizado com três diferentes grupos: o primeiro não recebeu treinamento, o segundo recebeu treinamento e acompanhamento com questões passivas, o terceiro participou do mesmo treinamento e acompanhamento, só que com questões ativas. Após duas semanas, os participantes responderam a uma classificação. O primeiro grupo mostrou pouca mudança, o segundo relatou melhorias e o terceiro relatou o dobro de melhorias.

As perguntas passivas eram:
1. O quão feliz você se sente hoje?
2. Quão significativo foi o seu dia?
3. Quão positivo é o seu relacionamento com as outras pessoas?
4. Quão engajado você está?

As pergunta ativas eram:

1. Você fez o seu melhor para ser feliz hoje?
2. Você fez o seu melhor para encontrar significado no seu dia hoje?
3. Você fez o seu melhor para construir relacionamentos positivos com as pessoas?
4. Você fez o seu melhor para se engajar completamente?

Coaching Eficaz – David Clutterbuck

Ao explicar o que é coaching, logo no primeiro capítulo do livro, David Clutterbuck apresenta os "7 passos da intervenção do coaching" e suas respectivas questões, a saber:

- O que precisa mudar/melhorar?
- Quais são as evidências/fatores críticos do desempenho atual?
- Qual é a importância dessa mudança/melhoria?
- O que quer que aconteça? Quem mais está envolvido? De quais recursos

necessita? Quais serão os indicadores de progresso?

- Como vai criar oportunidades para praticar?
- Como está se saindo?
- O que precisa rever?

O Líder Coach – Rhandy Di Stéfano

Após apresentar os desafios da liderança de pessoas e argumentar as vantagens de desenvolver uma abordagem "coach" nas conversas, o autor propõe um determinado processo. Cada etapa do processo pode ser conduzida de diversas maneiras e cada condução pode trazer um conjunto de perguntas. Por exemplo, na etapa "Coleta", existe a possibilidade de usar o acrônimo CLIER:

- Cultura – Qual é a sua cultura? Como é atuar na cultura em que está?
- Liderança – Qual é o seu estilo de liderança?
- Informal 360 – O que as pessoas dizem sobre você? Quais reclamações e quais elogios?
- Experiências Diárias – O que você faz muito bem? O que você não faz bem?
- Role Models – Quem são os seus modelos? Por quê?

A Arte e a Ciência do Coaching – Livro 2: Coaching passo a passo – Marilyn Atkinson & Rae T. Chous

O livro apresenta parte dos conceitos e da metodologia da Erickson College e propõe diversos exercícios práticos, fazendo jus ao título. Há um capítulo bem interessante dedicado à natureza das perguntas poderosas, que propõe exercícios de elaboração de perguntas abertas. Entre as classificações apresentadas pelas autoras estão as Perguntas Fundamentais e as Perguntas relacionadas aos Níveis Lógicos (conceito proposto pelo neurolinguista Robert Dilts):

Perguntas Fundamentais

- O que você quer?
- Como você irá alcançar isso?
- Quão comprometido você está com isso?
- Como saberá que obteve o que deseja?

Perguntas a Níveis Lógicos

- Visão – Quem mais?
- Identidade – Quem?
- Valores – Por quê?
- Capacidades – Como?
- Ações – O quê? Quais?
- Ambiente – Quando? Como?

Perguntas Poderosas
– Andrew Sobel & Jerold Panas

Consultores consagrados, os autores falam sobre a importância de fazer a pergunta certa e relacionam mais de 300 perguntas ao longo de 35 capítulos. Nem todos os eventos que demonstram o uso das perguntas são conversas de coaching, no entanto, muitas delas são aplicáveis. Há perguntas para conquistar novos negócios, para liderar reuniões eficientes, para identificar e/ou evidenciar uma necessidade, para fazer a si próprio antes de uma reunião com cliente, para debater propostas, etc.

Aqui destaco algumas, mas existem muitas outras que podem ser úteis para sua conversa de coaching:

- Pergunta para se conectar – O que lhe dá maior satisfação na vida? Como você gostaria de ser lembrado?
- Pergunta para entender a agenda – O que é importante para você agora? Quais são os projetos/iniciativas em que você está envolvido?
- Pergunta para empatizar – Quais opções acha que tem? Como se sente sobre isso?
- Pergunta para feedback – (em nosso trabalho) O que tem sido mais útil para você? O que mais pode melhorar para ajudá-lo a atingir seus objetivos?

The Coaching Habit – Michael Bungay Stanier

Michael Bungay é um advogado, consultor e palestrante australiano que escreveu livros e desenvolveu workshops para desmistificar e apoiar gestores no exercício da liderança. O livro "The Coaching Habit" começa falando sobre a importância e as dificuldades comuns ao desenvolver o "hábito" de perguntar, para em seguida propor as sete perguntas "mestres" que ajudarão os líderes a serem mais efetivos.

São elas:

- Pergunta para inicio imediato (evite introduzir a pergunta e vá direto ao ponto) – O que você tem em mente?
- Pergunta "AWE" (What Else) – O que mais?
- Pergunta Foco – Qual é o desafio aqui para você?
- Pergunta Fundamental – O que você quer?
- Pergunta Preguiçosa – Como posso ajudar?
- Pergunta Estratégica – Se está dizendo sim para isso, está dizendo não para quê?
- Pergunta de Aprendizado – O que foi mais útil (nesta conversa) para você?

Como o Coaching Funciona
– Andrea Lages e Joseph O'Connor

O livro de Andrea Lages e Joseph O'Connor se propõe a contar a história, os conceitos, os modelos, as diversas escolas e pensamentos que influenciaram e continuam influenciando a prática do coaching, se tornando uma referência importante para aqueles que desejam entender mais sobre o tema.

Ao longo do livro, há diversas citações de perguntas típicas, como no capítulo sobre Coaching Integral, que propõe quadrantes de questões que relacionem dimensões interiores e exteriores com dimensões individuais e coletivas. Assim, algumas das perguntas possíveis seriam:

- Quadrante superior esquerdo (interior X individual) – qual é a importância dessa meta para você?
- Quadrante superior direito (exterior X individual) – o que você faria de outro modo?

- Quadrante inferior esquerdo (interior X coletivo) – qual é a importância que as pessoas dão à sua meta?
- Quadrante inferior direito (exterior X coletivo) – que sistemas são utilizados para qualificar as metas?

Coaching para Performance – John Whitmore, Editora Qualitymark

John Whitmore foi um dos fundadores da prática do coaching como a conhecemos hoje.

Criador da sequência de questionamentos GROW, que é o acrônimo para Goal (meta), Reality (realidade), Options (Opções) e W (What — o que, When – quando, Whom – quem, Will – fará), ele dedicou um capítulo de seu livro ao que chamou de perguntas eficazes.

Segundo Whitmore, perguntas eficazes são aquelas que capturam a atenção do respondente, que o ajudam a descrever determinados temas sem julgamento e que criam oportunidade para ele tomar consciência e se responsabilizar pelo que precisa ser feito.

No capítulo sobre perguntas, ele destaca a importância das perguntas abertas e das palavras interrogativas (Ws) que provocam mais consciência, propondo evitar o "Por que", pois ele geralmente resulta em justificativas que afastam o sujeito da responsabilidade sobre a ação requerida.

Além das perguntas orientadas para o GROW, que são mais detalhadas e exemplificadas nos diversos capítulos, ele relacionou no livro perguntas que considera úteis, como por exemplo:

- O que mais?
- Se você soubesse a resposta, qual seria?
- Que critérios você está usando?
- Se alguém lhe dissesse ou fizesse isso, o que você sentiria/pensaria/faria?

O poder da aprendizagem pela ação – Michael J. Marquardt

Doutor em educação e consultor e professor de recursos humanos, internacionalmente reconhecido pelos estudos e práticas de aprendizado ativo em grandes organizações, Michael Marquardt dedica um capítulo de seu livro especialmente às perguntas. Segundo o autor, as perguntas são o terceiro dos seis componentes da aprendizagem pela ação. "A chave para o poder da aprendizagem pela ação reside na qualidade e no fluxo das perguntas... especialmente as mais difíceis, nos fazem pensar e aprender." Ele descreve 10 tipos de perguntas típicas da aprendizagem pela ação, a saber: abertas, afetivas, reflexivas, investigativas, novas, que criam conexões, de esclarecimento, de exploração, analíticas, fechadas. Aqui estão alguns exemplos:

- Afetivas – Como você se sente em relação a...?
- Criam conexões – Quais as consequências dessas ações?
- De esclarecimento – Você poderia explicar melhor isso?

Marquardt dedica ainda uma parte do texto para explorar o que torna uma pergunta boa.

Entre as 14 características que relaciona em seu livro, estão:

- Criam uma reflexão profunda;
- São difíceis de responder e podem exigir coragem para perguntar;
- Conduzem a um pensamento inovador;
- Dão apoio, trazem inspiração e são desafiadoras;
- Não são presunçosas e são oferecidas em espírito participativo.

Executive Coaching with Backbone and Heart – Mary Beth O'Neill

Referência em coaching executivo, Mary Beth O'Neill introduz nesse livro os conceitos que considerou na elaboração de sua abordagem: a presença que o coach precisa desenvolver em relação a si mesmo para poder estar presente para o cliente; o pensamento sistêmico sobre os desafios do executivo e do coach; além do modelo triangular, cujas "pontas" — líder, coach e seu problema/equipe/chefe —, podem estar configuradas no modo "coach salvador" ou no modo "cliente responsável". Sua proposta de metodologia em quatro fases (contratação, planejamento, coaching "ao vivo" e definição do foco de aprendizado), somada a uma fórmula para determinar o retorno sobre o investimento que o processo de coaching pode gerar, se destaca pela combinação de estrutura (backbone) com sensibilidade (heart). Ao final do livro, O'Neill disserta ainda sobre as aplicações extras que emergem na transição para o papel de Coach Executivo e no apoio ao desenvolvimento de Líderes Coaches. Nos apêndices, ela relaciona perguntas que podem ser realizadas nas diversas fases. Aqui estão algumas delas:

- Contratação – Quais são os seus desafios? Como eu/esse processo podemos ser úteis para você?
- Metas – Quais resultados você quer atingir? Qual é a relação desse desafio com suas metas pessoais?

- Planejamento – O que você sabe e o que não sabe sobre o desafio? Quais decisões vai delegar?
- Padrões – Existe algum padrão de relacionamento envolvido? Qual é o gatilho (evento) que promove o padrão?
- Limites – Qual é a clareza que as pessoas possuem do que é esperado delas?
- Avaliação – Como você acha que se saiu? Quais desafios continua enfrentando? Qual próximo passo deseja tomar?

Investigação Apreciativa
– David L. Cooperrider & Diana Whitney

Esse livro oferece uma visão geral básica do processo e dos princípios de um modelo de gestão de mudanças organizacionais. Ao apresentar o "Ciclo de 4-D" (Descoberta, Sonho, Planejamento e Destino), os autores sugerem as seguintes questões:

Descoberta – O que há de melhor (agora)?

Sonho – O que poderia ser? O que o mundo está convidando a tornar?

Planejamento – O que deve ser o ideal?

Destino – Como empoderar, aprender e ajustar/improvisar?

Ajuda, a relação essencial – Edgar H. Schein

Doutor em Psicologia Social e precursor do conceito de cultura organizacional, nesse livro, Edgar Schein se propôs a examinar o que realmente significa ajudar e ser ajudado, quais armadilhas psicológicas, sociais e culturais são inerentes ao processo de ajuda e como podem ser evitadas. Schein nos introduz ao que chama de indagação humilde: "No início de qualquer situação de ajuda, e ao longo de sua vida útil, não é crucial o conteúdo do problema do cliente ou a especialidade do ajudador, mas o processo de comunicação que permitirá a ambos decifrar o que é realmente necessário." Edgar Schein também nos apresenta as quatro formas de indagação: pura, diagnóstica, confrontadora e orientada ao processo. Aqui estão alguns exemplos:

- Indagação pura – O que o traz aqui?
- Indagação diagnóstica – Qual reação isso provoca em você?
- Indagação confrontadora – E se fosse...?
- Indagação orientada ao processo – Como acha que nossa conversa está indo até agora?

Liderança Tranquila - Quiet Leadership – David Rock

Após apresentar algumas das descobertas da neurociência, que mostraram ser praticamente impossível desconstruir as conexões neurais que realizamos ao longo da vida, David Rock conclui que é mais fácil confiar na plasticidade cerebral e criar novas conexões.

Para tanto, ele nos convida a nos concentrar nas perguntas "questionadoras", ou seja, aquelas cujo foco seja a natureza do pensamento, ou a visão ou planejamento que a pessoa pode adotar em relação a um problema. Perguntas sobre o problema propriamente dito, sobre detalhes e o "drama" que ele causou ou pode causar, evocam desperdício de tempo e emoções negativas que comprometem a autorresponsabilização e a motivação, segundo Rock. As perguntas devem se concentrar nas soluções, assim como nos passos que ele propõe.

- Pergunta sobre o pensamento – O que já pensou a respeito disso?
- Pergunta sobre visão – O que você deseja alcançar?
- Pergunta sobre planejamento – Qual é o seu plano para...?
- Pergunta sobre realidade atual - Que insights você já teve sobre isso?
- Pergunta sobre alternativas – Quais são os possíveis caminhos a partir daqui?

- Pergunta para catalisar e energizar o cliente – Como posso ajudá-lo a pensar sobre o que fazer para isso dar certo?

Ética & Coaching Ontológico – Rafael Echeverría

Nesse livro, Rafael Echeverría realiza diversas reflexões que relacionam Coaching e Ética, uma vez que, em sua visão, a prática do coaching "nos conduz necessariamente ao reconhecimento de que a crise mais profunda que hoje encara a humanidade e, de maneira particular, a cultura ocidental, é uma crise no âmbito da ética. Resolver essa crise nos obriga, então, a revisar os fundamentos de nossa concepção sobre o ser humano". Para ele, a pergunta sobre o Ser é a mais importante, pois a partir dela as pessoas condicionam seu olhar sobre si, os demais e sobre o mundo. Resgatando um debate filosófico que começou com Aristóteles e chegou à modernidade nas ideias de Heidegger e Nietzsche, Echeverría conclui que "não é possível conceber uma transformação histórica de maior envergadura que modifique nossa resposta à pergunta ontológica", ou seja, a pergunta sobre o Ser.

A transformação possível proporcionada pelo coaching estará, portanto, vinculada a essa reflexão sobre o Ser de quem responde e, sendo o coaching uma parceria, o Ser de quem pergunta.

Algumas das perguntas que podem convidar quem pergunta e quem responde a refletir sobre o Ser são:

- Que pessoa/profissional/etc. você deseja ser?
- O que esse evento diz sobre quem você é?
- O que a minha prática/resultados/etc. revela sobre a pessoa que sou?

Powerful Coaching Questions - Alain Cardon

Alain Cardon é uma das referências da abordagem sistêmica na conversa de coaching. Em um de seus artigos, ele realiza várias reflexões sobre a pergunta e propõe diversas classificações.

Outro destaque do artigo também é a preocupação com o espaço para que as pessoas exercitem seu próprio diálogo interno, situação em que o perguntador/coach precisa "estar presente de forma relativamente leve, de maneira minimalista e quase transparente, exceto por algumas intrusões ocasionais, curtas, precisas e respeitando a conversa...".

Segundo Alain, a atitude minimalista também diz respeito a todas as questões de coaching, que devem ser curtas, simples e diretas.

São muitas as classificações propostas por Alain. Confira algumas delas:

- Perguntas hipotéticas – Se isso fosse possível/verdade, como seria?
- Perguntas mágicas – O que o seu anjo da guarda diria sobre isso?
- Perguntas tempo/espaço – Se você fosse começar tudo de novo hoje, o que faria diferente?
- Perguntas de futuro projetado – Daqui a X tempo, quando tudo for como você deseja, o que terá mudado?
- Perguntas "aqui e agora" — Se essa reunião fosse começar agora, o que/como falaria?
- Perguntas contextuais – Se esse problema de trabalho fosse com a sua família, como resolveria?

Coaching Skills – A Handbook – Jenny Rogers

Infelizmente, esse livro não foi traduzido para o português. A tradução livre do título seria "Habilidades de coaching: um manual". É uma compilação dos aprendizados, teóricos e práticos, que a inglesa conquistou em seus primeiros anos de coaching, quando não havia programas de formação estruturados. Esse livro traz vários estudos de caso e orientação sobre como praticar as diversas habilidades exigidas numa conversa de coaching. Jenny foi uma das primeiras a afirmar o poder das perguntas curtas e abertas. Entre tantas questões, escolhi aqui um trecho em que ela menciona a importância de verificar sentimentos, seja para compreender o valor da situação atual e o que ela evoca, seja ao final, para verificar o quanto a conversa contribuiu para o interlocutor lidar com o tema que explorou. São perguntas como:

- Como você sente isso?
- O que esse sentimento significa para você?
- Como esse sentimento impacta no seu comportamento?
- Agora que estamos concluindo a conversa, como se sente?

Coach the Person, Not the Problem
– Marcia Reynolds

Já na introdução do livro, Marcia Reynolds adverte que fazer perguntas não é o mesmo que questionar (inquiry). Ela avisa que livros como este que você está lendo, descrevendo regras e oferecendo sugestões, são um engano. A autora inclusive destaca, como já mencionamos antes, que existem crenças infundadas sobre as perguntas fechadas.

Paradoxalmente, "Coaching the person, not the problem" traz várias dicas de perguntas para lidar com situações típicas de uma conversa coaching.

O que a autora nos faz refletir, e com razão, é que uma conversa de coaching não é uma receita em que seguimos uma lista de ingredientes. Marcia Reynolds nos diz "Perguntas pedem respostas, inquéritos (tradução literal de inquiry) provocam insights".

"Coaching the person, not the problem", é dividido em três partes.

Na parte dois, quando a autora descreve o "coaching horizontal", por exemplo, ela propõe uma sequência de perguntas:

- Perguntas de resultado esperado – O que você quer? O que você realmente quer?
- Perguntas sobre o valor do resultado esperado – Por que isso é importante para você? O que te impede de obter o que quer?
- Perguntas sobre crenças – Do que pode se arrepender se fizer/não fizer? Quem vai julgar suas ações?

Já as perguntas do "coaching vertical" são intercaladas com a escuta do perguntador, e seguiriam uma sequência em looping:

- Perguntas de resultado esperado – O que você quer? O que você realmente quer?
- Perguntas sobre o valor do resultado esperado – Por que isso é importante para você? O que te impede de obter o que quer?
- Comentário do Coach – Estou ouvindo que o que você realmente quer é "isso". O que te impede de obter "isso"?

Coaching Evolutivo – Richard Barret

Em um determinado momento de sua carreira, Richard Barret viveu uma crise de valores no trabalho. Como não era o único, resolveu estudar o tema. Das pesquisas quantitativas e qualitativas que conduziu com milhares de respondentes de vários continentes, construiu uma abordagem que articula conceitos de desenvolvimento psicológico com evolução de consciência, evolução da mente/cérebro, evolução cultural e da tomada de decisão. Atualmente, ele lidera um centro que busca promover o desenvolvimento humano, empresarial e social por meio da abordagem focada em valores.

Há várias perguntas interessantes ao longo do livro. Escolhi aqui algumas perguntas do passo 8 de sua metodologia para questionar pensamentos/crenças.

- Este pensamento/crença é verdade?

- Como eu seria se não tivesse este pensamento/crença?
- Como este pensamento/crença me apoia e como me atrapalha no sentido de ter as minhas necessidades atendidas?

The Twenty-One Skills of Spiritual Intelligence – Cindy Wigglesworth

O conceito de competência espiritual, proposto nesse livro por Cindy Wigglesworth, é o seguinte: a capacidade de se comportar com sabedoria e compaixão, mantendo a paz interior e exterior, independentemente da situação.

Toda produção da autora partiu de uma comunicação direta, seguida de uma pergunta simples: (Não importa a cultura, crença e religião) Eu quero ser uma pessoa boa – por onde começar?

Após 12 anos de pesquisas, inspirada em estudos de múltiplas competências e no modelo de competências emocionais de Daniel Goleman e Richard Boyatz, ela identificou 21 comportamentos que organizou em 4 quadrantes. Criou ainda uma ferramenta para apoiar o processo de autoconhecimento e desenvolvimento das competências espirituais. Confira algumas perguntas elaboradas para a ferramenta:

Competência 1 – Consciência da própria visão de mundo

Quais são os "filtros" que uso para ver o mundo?

Competência 3 – Consciência de hierarquia de valores

Como escolho minhas prioridades?

Competência 9 – Consciências das limitações perceptivas

Com qual frequência uso minha intuição?

Competência 14 – Vivendo seu propósito e valores

Como promovo o alinhamento entre ações, decisões e metas com os meus valores e propósito?

Exercícios práticos para fazer perguntas de coaching

Pense na próxima conversa que realizará:

Qual é o resultado que espera da conversa?

Como apresentará essa expectativa?

Quais perguntas serão úteis?

Quais perguntas ajudarão a identificar se está seguindo na direção do resultado que deseja?

Gilda Goldemberg

TERCEIRA PARTE

Gilda Goldemberg

QUEM PERGUNTA

"A arte de interrogar não é tão fácil como se pensa. É mais uma arte de mestres do que discípulos. É preciso ter aprendido muitas coisas para saber perguntar o que não se sabe."
Jean-Jacques Rousseau

Neste segmento, você:

- Irá refletir e encontrar dicas para superar os obstáculos comuns ao fazer perguntas
- Encontrará dicas adicionais para líderes

A cada nova edição, mais conjuntos de perguntas podem ser somados a este livro.

Acontece que, mesmo com a posse de uma lista infinita de perguntas, as conversas de coaching dependem da habilidade de quem as faz para acontecer.

De acordo com a Federação Internacional de Coaches – ICF, a competência para fazer perguntas instigantes ou poderosas varia conforme o perguntador acumula horas de conversas de coaching. O processo de credenciamento dos coaches dessa associação observa, entre outros requisitos, os diversos estágios de desenvolvimento de um perguntador profissional. Estágios que iniciam com o uso de perguntas previsíveis, confortáveis para si, com um viés investigativo e voltado para resolução rápida de um problema, passando pelo uso combinado de perguntas investigativas e perguntas poderosas, eventualmente direcionando a conversa para a resolução e, por fim, um estágio final em que um perguntador "avançado" faz perguntas instigantes a maior parte do tempo, menos preocupado com a resolução e mais orientado para quem realizará as ações e poderá sair transformado da conversa.

É muito importante que o perguntador esteja atento ao sistema do qual o outro faz parte e ao seu próprio. Por sistema, entende-se aqui o ambiente, as experiências, os valores, os sentimentos e as relações. A pergunta realmente instigante ou poderosa, segundo Eva Hirsch, uma das mais qualificadas coaches do Brasil, emerge naturalmente em resposta a tudo que foi dito pela outra pessoa. Por "dito", é preciso considerar todas as formas de expressão verbal (fatos, dados, percepções, figuras de linguagem, etc.) e não verbal (postura corporal, tom de voz, ritmo de discurso).

"Quem pergunta amigo é", assim diz o ditado.

Uma conversa de coaching não é necessariamente uma conversa entre amigos. No entanto, como nas amizades, quem pergunta está mostrando sua confiança no potencial do receptor para encontrar respostas próprias. Assim como os amigos, quem pergunta busca não julgar, mas chamar a atenção para aspectos que não estão no radar de quem responde. Por outro lado, a intimidade das amizades quase sempre interfere na qualidade da conversa de coaching. Isso porque quem pergunta precisa fazer um grande esforço para evitar que a conversa vire um "bate-papo", uma narrativa sobre o passado comum ou sobre outras pessoas do convívio mútuo. Quando a conversa estaciona aí por algum tempo, já sabemos, não é uma conversa de coaching.

Na conversa de coaching, muitas vezes outro ditado cai bem: "Quando um burro fala, o outro abaixa a orelha", ou, melhor ainda, "Para bom entendedor, meia palavra basta". A pergunta na conversa de coaching é curta e simples, como a meia palavra que basta. A escuta e o silêncio, por sua vez, são tão ou mais importantes do que a pergunta. Fique atento: a escuta é uma competência intimamente ligada à habilidade de perguntar. Afinal, como perguntar respondendo a tudo que foi dito sem escutar? Haja presença!

Presença é a competência perseguida nesses tempos líquidos, em que tudo muda a todo tempo e para qualquer direção. Em que estamos em todos os lugares, por meio das redes sociais, mas também aqui, no encontro de família, de amigos, de trabalho. Em que mal processamos o que nos aconteceu semana passada, ontem, hoje, e precisamos nos dar conta do que fazer amanhã, mês que vem, depois que terminar aquele curso ou um ciclo de vida. No caso da pergunta instigante ou poderosa, presença é estar aqui, agora, e totalmente focado na agenda do outro. **Assim** como a escuta, a presença é um tema que pode gerar outro livro e, enquanto ele não vem, procure praticar e ler sobre a atenção plena (mindfulness). Aulas e aplicativos de meditação também valem nesse caso.

O que as perguntas que faz dizem sobre quem você é?

Analise as perguntas que costuma fazer. O que elas dizem sobre quem você é?

Quando o perguntador desenvolve um domínio mínimo da competência para fazer perguntas instigantes ou poderosas, ele começa a expressar quem é por meio delas. Se ele é uma pessoa racional, suas perguntas tendem a provocar racionalizações. Sendo uma pessoa criativa, ele geralmente realiza perguntas que provoquem a imaginação, e por aí vai. No começo, ele prescinde de listas, mas, com o passar do tempo, ou ele se sente desmotivado em usar o mesmo conjunto e variações de perguntas, ou percebe que seu "set" não é capaz de ter o mesmo efeito em todas as situações.

Perguntas para verificar a presença são ótimas para fazer a si mesmo ao chegar nesse estágio de desenvolvimento. Por exemplo:

- Estou aqui agora?
- A agenda da pergunta é minha ou da pessoa?
- Estou tenso/preocupado com as perguntas/o horário/o resultado desta conversa?
- Fiz uma pergunta, ou uma comunicação direta (vide parte 1) disfarçada em tom de pergunta?

Um recurso útil para quem busca desenvolver a habilidade de fazer perguntas instigantes ou poderosas, além de checar as características descritas na parte 1 e de todos os exercícios e dicas oferecidos até aqui, é fazer perguntas a si mesmo sobre o propósito daquelas que faz. Para isso você pode, por exemplo, considerar os três diálogos descritos por Douglas Stone, Bruce Patton e Sheila Heen no livro "Conversas Difíceis"

O primeiro dos diálogos é "O que aconteceu", sobre as diferentes perspectivas possíveis do que aconteceu ou deveria ter acontecido. O segundo diálogo é o dos sentimentos conscientes ou inconscientes revelados na conversa. O terceiro é o da identidade, um debate interno sobre o que os outros dois diálogos representam para nós. Segundo esses autores, a postura de aprendizado é a maneira mais produtiva para discutir questões importantes e entender o que não é dito, e isso significa fazer perguntas capazes de revelar os elementos contidos nos três diálogos.

Nas próximas conversas que realizar, pergunte a si mesmo:

- O que perguntei/não perguntei nesta conversa?
- Qual é outra interpretação possível para o que perguntei/não perguntei?
- O que senti/não senti ao perguntar/não perguntar?
- O que as perguntas que fiz/não fiz e o que senti/não senti dizem sobre quem sou?

Mesmo fazendo perguntas como essas para si mesmo, antes de fazer as de sua próxima conversa, é possível que você ainda fique intrigado sobre o motivo de não evoluir sua habilidade para fazer perguntas numa conversa de coaching.

Um dos obstáculos comuns no desenvolvimento de quem pergunta é o julgamento. Uma teoria desenvolvida a partir de pesquisa científica resultou no que se chama "Escada da Inferência" (já falamos sobre esse estudo no início do livro). Ela foi apresentada pela primeira vez pelo psicólogo organizacional Chris Argyris e usada por Peter Senge em seu livro "A Quinta Disciplina: Arte e Prática da Organização que Aprende". O estudo de Chris Argyris sugere que adotamos crenças baseadas em conclusões inferidas a partir do que observamos e nem sempre comprovamos, acrescidas por experiências passadas. O problema é que nossas conclusões e ações afetam os dados que vamos selecionar numa próxima vez. Deixamos de acessar todos os dados disponíveis, "esquecemos" que selecionamos apenas alguns dos dados disponíveis para elaborar suposições e usamos apenas as conclusões anteriores para orientar nossas próximas observações e ações. Questionar os julgamentos é portanto um caminho fundamental para quem deseja desenvolver a habilidade de perguntar.

Para sair dessa armadilha, é importante perguntar a si mesmo:

- O que eu acho?
- O que eu faria/não faria?
- O que me agrada/não me agrada?
- Quais são os outros possíveis pontos de vista para enxergar esta situação?
- O que aqui é fato e o que é interpretação minha?
- Quais valores meus me impedem de separar fatos das minhas interpretações?

Uma vez que haja a consciência de que está julgando, seja compassivo consigo mesmo e analise se é o caso de compartilhar com a pessoa com quem está conversando. Reconhecer um julgamento próprio é mostrar-se humano, numa posição de igualdade com um interlocutor e pode, inclusive, ajudar o outro a reconhecer como seus julgamentos podem estar implicados nas questões em debate.

Por vezes, a pergunta instigante ou poderosa não acontece porque, consciente ou inconscientemente, o tema suscita um tabu ou pode gerar uma polêmica que ameace a parceria criada durante a conversa. A ameaça pode levar ao medo, e medo é uma causa comum para a pergunta instigante não ser expressa. Medo de ofender (respeito), medo de magoar (proteção), medo de irritar (autodefesa), e vários outros medos que, no limite, interferem na conexão e na continuidade de uma conversa coaching. O medo, assim como outras emoções que podem surgir numa conversa, orienta o foco da atenção para nós mesmos, e não para o outro. Isso naturalmente atrapalha a escuta e, consequentemente, a habilidade para fazer perguntas instigantes ou poderosas. Uma dica para quando reconhecer uma emoção é usar os passos da CNV (Comunicação Não Violenta), propostos por Marshall Rosemberg. Pergunte a si mesmo sobre qual pensamento gerou a emoção e, depois, qual observação o provocou. Como geralmente observamos com os nossos filtros, podemos mais uma vez exercitar a humildade e olhar as demais possibilidades de um determinado ponto de vista, assumindo novas perspectivas sobre a mesma observação, que levam a novos pensamentos e emoções. Uma emoção, segundo Rosemberg, está intimamente ligada a uma necessidade ou a um valor. Então aqui cabe perguntar a si mesmo: "Qual necessidade/valor provoca essa emoção?". Praticando a empatia consigo mesmo, a partir daí você poderá se sentir fortalecido para fazer uma comunicação direta sobre o que observou, sobre as diversas perspectivas possíveis, sobre o impacto que elas geraram em você e, finalmente, se sentir confortável para fazer uma pergunta realmente instigante ou poderosa.

A falta de clareza é outro motivo para as perguntas perderem poder. Afinal, se as suas perguntas forem orientadas por uma compreensão equivocada (as perguntas grávidas da primeira parte são as campeãs dessa confusão), ou, ainda, se os fatores críticos da questão não estiverem esgotados, a pergunta não alcança o propósito desejado da conversa de coaching. Pergunte a si mesmo: "será que entendi/ o que não entendi?", "O que falta?", "O que não faz sentido?".

Uma variação da falta de clareza é quando a conversa gira em torno de uma questão que você jamais experimentou ou viveu. Esse estado não tem relação com idade ou oportunidade, até porque as crianças sabem fazer perguntas poderosas como ninguém. Aliás, a curiosidade despertada pela falta de conhecimento e experiência no tema da conversa pode ser muito útil na elaboração de perguntas instigantes. Avalie se esse é o seu caso e, se for, dessa vez, além de mostrar humanidade, mostre humildade: reconheça seu desconhecimento e pergunte. O vice-versa aqui também é verdadeiro: muitas vezes, conhecemos tanto sobre um assunto que sequer perguntamos o que é óbvio para nós, mas que pode ser revelador para o outro.

Existe ainda a possibilidade de fenômenos mais complexos estarem implicados em uma conversa e dificultarem a utilização de perguntas instigantes ou poderosas. Transferência e contratransferência, eventos descritos pela psicanálise, são exemplo disso. Quem pergunta não percebe que há uma repetição no padrão de comportamento de quem responde, não está consciente de que ele mesmo (perguntador) está correspondendo a um padrão ou, ainda, de que está projetando um padrão pessoal na dinâmica da conversa.

Aos que desejam se tornar perguntadores profissionais e coaches, todos os exemplos de obstáculos acima mencionados podem ser superados com prática, com mentoria e, especialmente, com supervisão. A supervisão é, sem dúvidas, o melhor espaço para compreender as sutilezas das emoções, das crenças e das dinâmicas de relacionamento implicadas em uma conversa, especialmente uma conversa coaching. Na mentoria, o perguntador tem a oportunidade de ser orientado e estimulado a conhecer e praticar as diversas perguntas disponíveis; já na supervisão, ele é provocado a refletir quem ele está sendo e a quem está servindo ao usar as diversas perguntas de que dispõe.

Quando quem pergunta é líder

"Muitos acham que um bom líder tem as respostas. Eu acho que ele tem boas perguntas"
Barack Obama – Ex-presidente dos Estados Unidos da América

É bastante provável que você, que é líder e leu parte ou a maior parte do livro até aqui, esteja pensando que fazer perguntas parece muito útil na teoria, mas que na prática é muito difícil liderar fazendo perguntas.

É verdade. Impossível liderar fazendo perguntas o tempo todo. Mas lhe garanto que, se começar a praticar, perceberá que os resultados mudarão. Pode ser que no princípio piorem, mas depois de algum tempo serão melhores, tenha certeza.

A chance de piorar no início está relacionada ao fato de que as pessoas que compõem a equipe buscam as soluções prontas junto ao líder. Quando o líder, ao invés de responder, faz uma pergunta, ele provoca as pessoas a encontrar as próprias soluções, e isso pode, por exemplo, atrasar uma entrega. Lembre que a liderança é situacional, ou seja, ela deve ser exercida de acordo com a exigência do momento. Não cabe fazer uma pergunta para responder a uma emergência, mas cabe perguntar: o que aprendemos com essa emergência? O que faremos diferente para que não se repita?

Acontece que os líderes bem-sucedidos nas situações de emergência, e que muitas vezes são reconhecidos por essa capacidade, podem virar reféns do papel de "bombeiros" ao lidarem com emergência após emergência, sem praticar outras habilidades esperadas da liderança. Há naturalmente um receio de movimentar esse líder, quando surge uma oportunidade de carreira. Afinal, todos se sentem mais seguros em manter um "bombeiro" onde existe risco de incêndio. Se ele, por meio de diversas ações — e fazer perguntas é a mais barata, simples e disponível delas —, desenvolveu na equipe a autonomia necessária para prescindir do líder diante de uma ameaça iminente, as chances de movimentação aumentam. Aliás, um líder assim provavelmente desenvolveu um sucessor, e o seu deslocamento para outra oportunidade é considerado seguro.

Outra variável, além da situação, que o líder deve considerar ao fazer perguntas, é o nível de conhecimento ou experiência da pessoa que irá responder. Claro que alguém que está no primeiro emprego, ou nos primeiros dias de trabalho em uma nova empresa, precisa ser direcionado e informado sobre o que, quando e como fazer. No entanto, sempre que puder, faça perguntas e não subestime ignorantes nem superestime experts, pois ambos têm desafios de autodesenvolvimento e encontrarão mais oportunidades de aprendizado e se sentirão mais engajados quando você fizer uma pergunta.

Faça um teste: da próxima vez que alguém vier pedir uma orientação ou relatar uma situação que exija uma decisão, e houver tempo para fazer o que precisa ser feito ou decidir sobre o que precisa ser feito, faça uma pergunta. Seja simples, curto e direto e faça perguntas tais como "quais são as opções aqui? Quais são as vantagens/desvantagens? O que você faria/sugere?" Ao perguntar, você estará desenvolvendo a equipe, um dos papéis fundamentais da liderança.

Alguns gestores se sentem desconfortáveis quanto ao ato de perguntar, pois acreditam que podem perder o respeito da equipe e o controle dos resultados ao mostrar que desconhecem os recursos ou os processos que lideram. Parece contraditório, mas os líderes bem-sucedidos deixam para trás cargos menos operacionais e táticos, que exigem conhecimento, comando e controle, para ocupar posições mais estratégicas, justamente porque abrem mão de fazer e saber tudo sobre tudo o tempo todo e desenvolvem, entre outras, habilidades de comunicação — como fazer perguntas.

Há uma vantagem estratégica ao praticar perguntas no ambiente de trabalho: pode ocorrer uma melhora significativa no relacionamento e até na habilidade de influenciar áreas pares, assim como os demais líderes na hierarquia. Durante uma reunião, ao invés de justificar e defender seus pontos, o líder que se antecipou e fez perguntas sobre a visão e as necessidades dos demais participantes estará muito mais preparado para apresentar suas propostas, responder as dúvidas, críticas e sugestões que possam surgir. Notem que o verbo "fez" indica uma ação prévia, ou seja, fazer perguntas é um ato estratégico antes, durante e depois da interação com os demais líderes. Supondo que as perguntas feitas previamente não foram suficientes, novamente, ao invés de se justificar e defender pontos, o líder pode fazer perguntas para entender o ponto de vista dos demais. Nesse caso, a pergunta deve expressar uma curiosidade genuína e muitas vezes exige, além de humildade, uma introdução sobre o propósito da pergunta, antes de ser realizada, para que não seja interpretada como uma pergunta capciosa. Por exemplo: "Compreendo que esteja preocupado, pois esse projeto transformará todos os processos da sua área. Na sua visão, qual seria um caminho razoável?", ou ainda "Gostaria de entender melhor sua dúvida/preocupação. Pode me falar mais sobre os riscos/ameaças que você vê?". Por fim, depois de uma interação, é sempre útil voltar a fazer perguntas, para obter sugestões que facilitem interações futuras. Por exemplo: "O que nossa área pode fazer diferente/melhor no futuro?", "Nossa área precisará muito da sua ou sua área precisará muito da minha – como podemos aproximar mais nossas equipes?".

O momento atual, em que as pessoas e os negócios estão hiperconectados e globalizados, é desafiador para os líderes. Eles precisam lidar diariamente com a volatilidade, a incerteza, a complexidade e a ambiguidade nos relacionamentos com as pessoas e nos ambientes de negócios. Nesse cenário, as metodologias de gestão chamadas de "Ágeis" se consolidaram e continuaram evoluindo na última década, propondo simplicidade, flexibilidade e colaboração, além de agilidade, claro. Os líderes "Ágeis" são os que facilitam essas metodologias, periodicamente fazendo perguntas como, por exemplo, as do Kanban (O que precisamos fazer? O que já fizemos? O que está em andamento? O que já concluímos?).

Quais são as perguntas de seu método de gestão?

CONCLUSÃO

Gilda Goldemberg

ACABOU?

*"São precisamente as perguntas para as quais não
existem respostas que marcam os limites das
possibilidades humanas e traçam as fronteiras da
nossa existência."*
Milan Kundera

Palavra-chave em tom de pergunta geralmente
é instigante, mas, neste caso, é uma pergunta
fechada:

Sim – acabou esta edição, a segunda (!), porque
o conteúdo precisa ser revisado e publicado!

Não – porque as listas não param por aí,
porque outras reflexões e artigos sobre o tema
serão publicados em outras edições e
plataformas, por outros autores, etc.

Outra razão para não acabar por aqui é que o
ato de perguntar, numa conversa coaching,
implica, como vimos ao longo das páginas, no
ato de escutar, no ato de comunicar

diretamente, em estar presente para si e para o outro. Existe uma sobreposição de habilidades de comunicação que, propositalmente para tornar a leitura mais didática e prática, não foram exploradas, mas têm conexão íntima com o ato de perguntar.

Em 2008, quando fiz a primeira formação em coaching, saí com mais perguntas do que respostas sobre o que é e como fazer uma conversa de coaching. Em um primeiro momento, sentia que era muita informação para processar, mas sabia que aquele tipo de conversa resgatava a vocação que, lá atrás, orientou minha escolha pela graduação em psicologia e a especialização em educação continuada.

Quando o ambiente empresarial e a vida executiva não faziam mais sentido para mim, empurrada pela revisão de estrutura da empresa em que eu trabalhava, fiz uma transição de carreira para o mercado de consultoria. Eu e muitos outros, diga-se de passagem. Havia um *"boom"* no mercado de coaching e, rapidamente, muitas colegas que antes eram executivas e consultoras se tornaram coaches.

Nesse momento, após muita prática gratuita, leitura e estudo das referências técnicas que fizeram parte da primeira formação, entrei em sala de aula novamente. Isso me ajudou, e muito, a dar sentido às conversas de coaching.

Finalmente convencida a abraçar a carreira, me associei à ICF – International Coach Federation e acompanhei à distância a formação do primeiro capítulo regional do Brasil, em São Paulo. Mais tarde, eu mesma ajudei a fundar o capítulo regional do Rio de Janeiro e fui diretora dele, depois conselheira da ICF Brasil. Mas isso é outra história.

Apoiada por uma das melhores mentoras e depois supervisora do Brasil, eu me sentia mais segura quanto ao que fazer e como fazer. Assim, comecei a reunir um repertório de perguntas, aquelas que me eram mais confortáveis e que ao mesmo tempo atendiam ao propósito do processo de coaching preconizado pela ICF.

Com as horas de formação, prática e a mentoria, conquistei a primeira credencial. Em seguida, fiz uma terceira formação e comecei a realizar supervisão periodicamente. O caminho se abriu de vez aí. Sim, porque eu fazia relativamente bem, tinha o meu cardápio de perguntas, mas começava a me questionar quem eu era como coach. E perguntas como essa fazem toda a diferença! Inclusive significaram um salto para a segunda credencial. A essa altura, o mercado de coaching já estava apinhado de associações e cursos de formação instantânea, despejando profissionais sem preparo em um mercado ávido por soluções de autoajuda. Empreender como coach e dirigir para aplicativo se tornaram alternativas ao fechamento das vagas de trabalho formal.

Desde então, liderei grupos de estudo, investi em uma iniciativa frustrada de cocriação de negócios para coaches, liderei o capítulo, como já mencionei, e resolvi montar oficinas para apoiar o desenvolvimento das competências de líderes e coaches.

A primeira delas, "Oficina da Pergunta", gerou este livro. Ambos foram elaborados para quem está apenas curioso sobre o que são perguntas instigantes ou poderosas, para quem incluiu fazer mais perguntas no seu plano de desenvolvimento pessoal, para quem ainda está montando ou buscando rever sua lista de perguntas e também para aqueles que querem descartar o uso de listas para alcançar a essência da conversa de coaching.

Como, independentemente de serem coaches ou líderes, as pessoas estão se conscientizando de que a pergunta é uma ação estratégica, eis aqui um livro para todos.

Espero que tenha gostado.

Gilda Goldemberg

Sobre a Autora

Gilda Goldemberg é Psicóloga e pós graduada em educação pela UFRJ (Universidade Federal do Rio de Janeiro), MBA pela Brazilian Business School, certificada em coaching por escolas credenciadas (ICI, Inner Game School, Profit,) e qualificada como Professional Certified Coach (PCC) pela Federação Internacional de Coaching (ICF), certificada em Supervisão de Coaches, pela Goldvarg Consulting, concluiu

Mentor Coach Certification Training pela MCC Mentor Coach.

Uma das fundadoras, ex-diretora e atual conselheira da ICF no Rio de Janeiro, trabalhou em empresas como Unibanco, Bradesco, Rio de Janeiro Refrescos (Coca Cola) e Chocolate Comércio de Roupas, liderando áreas de recursos humanos e comunicação interna.

Atua como coach executiva, facilitadora em oficinas de coaching, mentora e supervisora de coaches.

Notas Bibliográficas

Coaching Eficaz – David Clutterbuck, Editora Gente

O líder coach – Rhandy Di Stéfano, Editora Qualitymark

A Arte e a Ciência do Coaching – Livro 2: Coaching passo a passo – Marilyn Atkinson & Rae T. Chous, Editora Perse

Perguntas Poderosas – Andrew Sobel & Jerold Panas, Editora Qualitymark

The Coaching Habit – Michael Bungay Stanier, Editora Box of Crayons Press

Como o Coaching Funciona – Andrea Lages e Joseph O'Connor, Editora Qualitymark

Time to Think – Nancy Kline, Editora Cassel Illustrated

Executive Coaching with Backbone and Heart – Mary Beth O'Neill, Editora Jossey-Bass

Investigação Apreciativa – David L. Cooperrider & Diana Whitney, Editora Qualitymark

Ajuda, a relação essencial – Edgar H. Schein, Editora ARX-Saraiva

Liderança Tranquila - Quiet Leadership – David Rock, Editora Elsevier e Editora Campos

Ética & Coaching Ontológico – Rafael Echeverría, Editora Qualitymark

Alain Cardon: https://www.metasysteme-coaching.fr/english/-powerful-coaching-questions/

Conversas Difíceis, Douglas Stone, Bruce Patton e Sheila Heen, Editora Campus

O poder da aprendizagem pela ação, Michael J. Marquardt, Editora Senac Rio

Coaching Skills – A Handbook – Jenny Rogers, Editora Open University Press

Coach the Person, Not the Problem – Marcia Reynolds, Editora Berrett-Koehler Publishers

Coaching Evolutivo – Richard Barret, Editora QualityMark

The Twenty-One Skills of Spiritual Intelligence – Cindy Wigglesworth, Editora SelectBooks Inc

---

[i] Fonte dicionariodelatim.com.br

[ii] Maieutike, palavra grega que significa "arte de partenejar", dar à luz. A mãe de Sócrates era parteira.

[iii] Dohrenwend, B. S. (1965). Some effects of open and closed questions on
respondents' answers. Human Organization, 24 (Summer), 175-184.

[iv] Sudman, S., & Bradbum, N. M. (1982). Asking questions. San Francisco:
Jossey-Bass

[v] Cardon, Alain, Masterful Sistemic Coaching, Amazon Kindle

[vi] Kline, Nancy Time do Think, Editora Cassel Illustrated

[vii] Fonte: Coaching Skills, Editora Open University Press

[viii] David Clutterbuck, Fonte:
https://www.davidclutterbuckpartnership.com/what

-makes-a-powerful-question/

[ix] Confira essas e outras definições e referências sobre Perguntas Poderosas no próximo capítulo.

[x] Rafael Echeverría, Fonte: Ética & Coaching Ontológico, Ed. QualityMark

[xi] Comunicação Direta – a ICF (Interntional Coach Federation) define essa competência como "Capacidade de comunicar de forma eficaz durante as reuniões de coaching e de usar a linguagem que produza o melhor impacto no cliente." Fonte: www.coachfederation.org

[xii] Fonte: O Efeito Gatilho – Marshall Goldsmith, Compahia Editora Nacional

www.ingramcontent.com/pod-product-compliance
Lightning Source LLC
Chambersburg PA
CBHW060900170526
45158CB00001B/434